ALPHABET

BUFFON DES ENFANTS

OISEAUX.

PARIS

F. F. ARDANT FRÈRES, LIBRAIRES,
25, quai des Augustins.

ALPHABET

BUFFON DES ENFANTS

OISEAUX

PARIS

F. F. ARDANT FRÈRES, LIBRAIRES,

25, quai des Augustins.

� A B C

D E F G

H I J K

L M N O

PQRS

TUVX

YZW

ÆŒE

A a b c d e f g h i j k
l m n o p q r s t u
v x y z.

Voyelles.

a e i o u y.

Consonnes.

b c d f g h j k l m
n p q r s t v x z.

Lettres donbles.

fi ff ffi fl ffl w.

Chiffres.

1 2 3 4 5 6 7 8 9 0.

SYLLABES.

Ba	be	bi	bo	bu
Ca	ce	ci	co	cu
Da	de	di	do	du
Fa	fe	fi	fo	fu
Ga	ge	gi	go	gu
Ha	he	hi	ho	hu
a	je	ji	jo	ju
a	le	li	lo	lu

Ma	me	mi	mo	mu
Na	ne	ni	no	nu
Pa	pe	pi	po	pu
Qua	que	qui	quo	quu
Ra	re	ri	ro	ru
Sa	se	si	so	su
Ta	te	ti	to	tu
Va	ve	vi	vo	vu
Xa	xe	xi	xo	xu
Za	ze	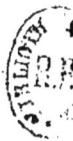zi	zo	zu

L'AIGLE.

L'Aigle est considéré comme le roi des oiseaux. Il s'élève très haut, et ne s'arrête pour profiter de sa proie que lorsqu'elle est asphyxiée par le courant que produit sa marche rapide.

LE CANARD.

Le canard sauvage, la souche du canard domestique, se tient dans les marais ; on en prend annuellement un grand nombre dans le midi de la France. Il dépose ses œufs sur des arbres élevés, et porte ses jeunes à l'eau par le bec. De tous nos animaux domestiques c'est le plus facile à élever. Il ne faut que les tenir dans le voisinage de quelque pièce d'eau ; cet élément a pour eux un attrait irrésistible.

LE COQ.

Sa contenance est fière, sa démarche grave, son naturel hardi, courageux. C'est un souverain jaloux qui ne souffre pas la présence d'un rival. Son chant est l'horloge de la campagne jour et nuit. Si l'on contrefait le chant du coq, il est inquiet, en alarmes, rassemble ses poules et veille sur elles avec assiduité,

LE CYGNE.

Il est d'une blancheur éclatante, et son bec est d'un beau noir. Il fait l'ornement de nos bassins et de nos canaux, où il se promène majestueusement en allongeant et retirant son long cou qui forme différents replis pour saisir les petits poissons.

LE DINDON.

Le Dindon vient des Indes. Ce gros oiseau est très colère, stupide et gourmand. Quoique fort querelleurs entre eux, les dindons sont peu courageux ; et l'attaque d'un animal même plus faible les met en fuite. Quelquefois cependant ils montrent du courage. — La chair de cet animal est assez estimée.

LA GRUE.

Quand on veut montrer la sottise d'une personne, on la compare à une grue. Cependant les grues sont moins stupides qu'on le dit. Elles font sentinelle, vivent et voyagent en troupes. Leur séjour habituel est dans les marais, au bord des lacs et sur les côtes de la mer

L'OIE.

L'Oie pince l'herbe des prés ; on taille
ses plumes pour écrire soit en gros, soit
en fin. Sa chair est excellente, sa graisse
abondante. Son duvet, extrêmement moel-
leux, s'emploie pour faire des oreillers,
des matelas, des canapets, etc. — Dans
le midi de la France on fait un commerce
assez étendu de cuisses d'oie conservées
dans la graisse.

LE PAON.

Ce bel oiseau joint à l'élégance de sa taille et à la richesse de son pennage, une démarche grave, majestueuse. Fier de sa parure brillante, il étale avec pompe, en forme d'éventail, les plumes de sa queue, dont les compartiments, frappés des rayons du soleil, font un spectacle éblouissant.

LE VAUTOUR.

Le vautour a le bec court, incliné
dès la base, les ongles très crochus et
acérés, les ailes courbées. Il niche sur les
rochers les plus solitaires et les plus inac-
cessibles.

Limoges. — Typ. F. F. Ardant frères.

La Cigogne.

Le Goëland à manteau noir.

Limoges. — Imp. F. F. Ardant frères.

www.ingramcontent.com/pod-product-compliance
Lightning Source LLC
Chambersburg PA
CBHW060714280326
41933CB00012B/2427